KURT MARTI

Heilige Vergänglichkeit

Spätsätze

RADIUS

3. Auflage 2025

ISBN 978-3-87173-900-2
Copyright © 2010 by RADIUS-Verlag GmbH Stuttgart
Alexanderstraße 162, 70180 Stuttgart / info@radius-verlag.de
Umschlag: André Baumeister
Gesamtherstellung: Clausen & Bosse, Leck
Printed in Germany

Untauglicher Witwer

Was ist schlimmer: abends allein ins
Bett zu kriechen oder morgens einsam
zu erwachen?

*

Seitdem die täglich und nächtlich
vertraute Zwiesprache aufgehört hat,
schwinden mein Wortschatz
und mein Ausdrucksvermögen.

Im Gefängnis einsamer Stille wächst
die Angst überzuschnappen.

*

Die Geliebte verbürgte Wirklichkeit.
Jetzt bleiben bloß noch Schatten,
Wirklichkeitsschatten.

*

Hoffentlich weiß sie nicht,
wie unglücklich ich ohne sie bin.

Gibt es taugliche Witwer?
Ich jedenfalls bin keiner.

*

Gott ist nie Ersatz, erst recht nicht
für die lebenslang Geliebte.

*

Ich wurde geliebt, also war ich.

Abendleben

Wer kein Heim mehr hat,
geht in ein Heim. Was tut er dort?
Wartet auf seinen Heimgang.

✳

Seniles Rallentando: Langsamer gehen
– kürzer treten – trippeln – hinken –
sich auf Stock oder Rollator stützen.

»Abendsonne« heißt ein Altersheim.

＊

Vielfältig sind die Übergänge
vom Abendleben zum Ableben.

＊

Vergeistigung im Alter? Nicht doch.
Die Beschäftigung mit dem Körper,
vor allem mit seinen Defiziten,
nimmt unliebsam überhand.

Je älter du wirst, desto mehr Ärzte
machen sich an dir zu schaffen.

*

Die Altersindustrie boomt. Auch ich
gehöre nun zu ihrem Rohstoff.

*

Schrauben lockern sich.
Auch der Geist wird wacklig.

Verarmungsängste: Der Aufenthalt
auf Erden wird zunehmend eine teure
Angelegenheit.

✳

Physische Schmerzen machen einsam.
Selbst mit willigster Empathie und
Liebe kann niemand sie mit uns
teilen. Das hat auch meine Geliebte
erfahren müssen.

✳

Still nagt Verzweiflung am Gemüt.

Wunschtod, meistgenannt:
Im Schlaf ein Herzstillstand.

*

Es scheint, glaubt man Umfragen,
dass viele Männer meines Alters
einen Suizid erwägen.

*

Getrübte Sinne, Trübsinn – und plötz-
lich ein helles Frauenlachen
wie aus einer ganz anderen Welt.

Die Bezeichnungen »Greisin« und
»Greis«, einst Ehrentitel, sind verpönt
und von einer obskuren Instanz
aus der Sprache entfernt worden.

*

Schlimme Entdeckung:
Ich kann nicht mehr pfeifen.

*

In welche Richtung hätte sich das
Denken und Lehren des Nazareners
verändert, wenn er 90 Jahre alt gewor-
den wäre? Müßige Frage, ich weiß.

Und weiter verlaufe ich mich
im Wald der Fragen und Widersprüche.
Also lebe ich noch.

*

Im Licht der langsam entgleitenden
Abendsonne wird der Zigarettenrauch
märchenhaft blau.

Wem glauben?

In den Armen der Geliebten glaubte
ich oft, dem großen Geheimnis nahe
zu sein.

*

Warum gibts keine erotische Theologie?
Weil wissenschaftliche Denkweise und
Sprache dem Thema nicht gewachsen
sind? Allein, sind sie etwa dem Thema
Gott gewachsen?

Jetzt, da alles ins grelle Licht der
Öffentlichkeit gezerrt wird,
erquickt Gottes Verborgenheit.

*

Wir sollen nicht wollen, was wir nicht
können, nämlich uns ein Bild von Gott
machen. Und doch können wir uns
Gott nicht ohne bildhafte Vorstellung
denken. Halten wir's also wie die
Bibel: Sie redet von Gott in vielen
verschiedenen Bildern und lässt diese
ins neutestamentliche Bekenntnis
münden, Jesus Christus sei das
menschliche »Ebenbild des unsicht-
baren Gottes« (Kolosserbrief 1,15).

Einige Neurowissenschaftler glauben, Gott im menschlichen Gehirn orten zu können. Ist, was sie dort zu finden meinen, aber tatsächlich Gott?
Oder behält eher Calvin recht mit der Behauptung, das menschliche Gehirn sei eine »Götzenfabrik«?

*

Ceterum censeo: »Die Rätsel Gottes sind befriedigender als die Lösungen der Menschen.« (G. K. Chesterton)

*

Was glauben? Woran glauben?
Die primäre Frage lautet wohl aber:
Wem glauben, das heißt vertrauen?

Dafür, dass bisher auf keinem anderen
Gestirn Menschen oder menschen-
ähnliche Wesen entdeckt worden sind,
habe ich eine ganz naive Erklärung:
Gott hat mit seinem Experiment auto-
nomer Menschengeschöpfe Verdruss
genug – wozu soll er sich noch mehr
solchen aufladen?

＊

Was einem leicht fällt zu glauben,
verführt zu Leichtgläubigkeit.

＊

»Die Theologie macht dir zu schaffen.
Das ist kein Wunder. Das gehört
zu ihr.« (Martin Heidegger
an Hannah Arendt, 24.VII.1925)

Schon bald hat sich der christliche Glaube einst über den Widerstreit zwischen Polytheismus und Monotheismus hinausentwickelt. Er ist weder das eine noch das andere. Er ist trinitarisch.

*

Vielleicht ist die Vorstellung einer Drei einheit Gottes das genialste Denkbild der christlichen Theologie,
dessen Potentialität noch lange nicht ausgeschöpft ist. Es wagt, Beziehungs- vielfalt und Macht-Teilung in der Gottheit zu denken, so dass man in ihm auch Prinzipien wie Gewalten- trennung, Mitsprache, Mitbestimmung vorgezeichnet finden kann.

Jedes Pochen auf eine »reine Lehre«
ist im Kern gewalttätig.

*

Ist alle Theologie vielleicht eine Flucht
vor den einfachen, aber radikalen
Aussagen und Aufforderungen der
Bergpredigt Jesu (Matthäus 5–7)?

*

Ihm, Jesus, glaube ich Gott.

Heilige Vergänglichkeit

Mich ängstet das Sterben bei noch
lebendigem Leib, nicht der Tod.
Dieser wird, Gott sei Dank, das
Sterben beenden.

*

Erwünscht wäre im Alter wahrschein-
lich: heitere Resignation. Noch besser
ist allerdings – womöglich dankbare –
Bejahung unserer Vergänglichkeit. Sie
ist vom Schöpfer gewollt und deshalb:
Heilige Vergänglichkeit.

Womöglich möchte ich zuletzt das Zeitliche und Vergängliche segnen können.

∗

Die Behauptungen des Apostels Paulus, der Tod sei der Sünde Sold und der letzte Feind, steht in krassem Widerspruch zur Tatsache, dass Gott alles Leben sterblich geschaffen hat.

∗

Was kommt danach? Oft stelle ich mir vor, mein Ego werde sich alsdann in Gottes Ewigkeit verlieren, vielleicht sogar auflösen. »Was immer zu Gott kommt, entfällt sich selbst.« (Meister Eckart)

Der größere Teil der Bibel, nämlich das Erste Testament, ist radikal diesseitig und weiß nichts von einem individuellen Weiterleben nach dem Tod. Alt-Israels Gottesleidenschaft bedurfte keiner persönlichen Jenseitshoffnung.

*

Ein Glaube, der auf das eigene Weiterleben nach dem Tod fokussiert ist, bleibt heillos egozentriert. Ist der Wunsch, ewig zu leben, nicht ohnehin der menschliche Urfrevel (1. Mose 3,5), so sein zu wollen wie Gott, der allein Ewige?

Ist andererseits der Wunsch nach ewigem Leben nicht auch ein unbeholfener Dank für unser vergängliches, aber einmalig lebenswertes Dasein?

*

Die Evangelisten können nicht genug dafür gerühmt werden, dass sie der Versuchung widerstanden haben, denen, die Jesus vom Tod wieder auferweckte, und ihm, dem Auferstandenen selbst, Äußerungen über ein postmortales Jenseits in den Mund zu legen.

Kurz vor ihrem frühen Tod sagte die
heilige Therese von Lisieux (1873–1897):
»Ich glaube nicht mehr an das ewige
Leben, alles ist verschwunden,
es bleibt nur noch die Liebe.«

*

Gott ist unser Jenseits. Das zu glauben
genügt, und alles weitere (auch Ver-
wandlung, Auferstehung usw.) bleibt
ihm überlassen.

»Ewig währt am längsten«, behauptet
eine Redensart. »Währen« setzt allerdings
die Zeitdimension voraus. Weil ohne
Anfang und ohne Ende, ist Ewigkeit
aber Nicht-Zeit. Diese geht weit über
die Vorstellungskraft von uns Zeitlin-
gen hinaus und bleibt das Geheimnis
der göttlichen Präsenz. Ihm gibt sich
der Glaube anheim.

＊

Hie und da aber grüßt – o Wunder! –
ein ewiger Augenblick die heilige,
weil von Gott gewollte Vergänglichkeit.

Nichts ist selbstverständlich

Wozu beten? Damit uns nichts selbst-
verständlich wird. Selbstverständlich ist
nur das Nichts.

*

Die ungeheure Vielfalt und Geschwin-
digkeit alles Vergänglichen überfordert
meinen kleinen Verstand.

Gott hat es gefallen, ein Universum voll
rasender Gestirne entstehen zu lassen.
Auch wir leben auf einem rasenden
Planeten. Ist kosmische Raselust auch
in uns selber?

*

Auf einem Mäuerchen hocke ich
am Rand einer vielbefahrenen Straße.
Mein alter Rücken schmerzt und
braucht einige Augenblicke Entlastung,
Erholung. Autos preschen vorüber,
kleine, große, mittelgroße, jedes eine
geballte Ladung Gewalt.

Ist der menschliche Rasewahn pan-
demisch geworden, hält er sich für
Fortschritt. Sein Preis: Allerwärts platt-
gewalzter Humus in Form von
Asphaltierungen und Betonierungen.

*

Neben den Plattwalzungen bohrt un-
verdrossen Seine Majestät Lumbricus
terrestris, der Regenwurm, Höhlen-
gänge ins Erdreich, damit dieses
weiterhin leben, das heißt atmen
und Wasser trinken kann. Wer sagt
da noch, das verstehe sich doch von
selbst?

Auch und gerade Gott ist nicht selbstverständlich. Daran erinnern uns die Atheisten.

*

Ob ausgesprochen oder unausgesprochen feiern alle ernsthaften Gebete und Liturgien Gott als das erste und größte aller Wunder.

Kurt Marti (1921–2017)

in Bern geboren, studierte Jura und Theologie in Bern und Basel. Im Dienst des Ökumenischen Rates ein Jahr in Paris, Pfarrer in Leimiswil, Niederlenz und bis 1983 in Bern. Preise und Auszeichnungen: u. a. Lyrik-Preis Radio Basel (1957), Johann-Peter-Hebel-Preis des Landes Baden-Württemberg, Großer Literaturpreis des Kantons Bern (beide 1972), Ehrendoktorwürde der Universität Bern (1977), Buchpreis der Stadt Bern (1990), Kurt-Tucholsky-Preis (1997), Karl Barth-Preis (2002)

Lieferbare Radius-Bücher von Kurt Marti:

DU. Eine Rühmung. Und 19 Gebete in Gedichtform

Fromme Geschichten

geduld und revolte. die gedichte am rand

Die gesellige Gottheit. Ein Diskurs

Heilige Vergänglichkeit. Spätsätze

Prediger Salomo. Weisheit inmitten der Globalisierung

Die Psalmen. Annäherungen

Schöpfungsglaube. Die Ökologie Gottes

Versuche zu verstehen
Von der Weltleidenschaft Gottes und Gott im Diesseits

45

Henning Luther: Leben als Fragment. Gesammelte Aufsätze
    Zwei Bände *(auch einzeln erhältlich)*
Henning Luther: Religion und Alltag
    Bausteine zu einer Praktischen Theologie des Subjekts
Kurt Marti: *siehe Seite 45*
Pierangelo Maset: Geistessterben. Eine Diagnose
Elisabeth Moltmann-Wendel: Der auf der Erde tanzt
    Spuren der Jesusgeschichte
Niklaus Peter: Ein Hemdlein fürs nackte Evangelium
    Gedanken zu biblischen Worten
Eleonore von Rotenhan: Paradies im Niemandsland
    Alzheimer. Eine literarische Annäherung
Martin Scharpe (Hg.): Erdichtet und erzählt I und II
    Das Alte/Das Neue Testament in der Literatur
Martin Scharpe (Hg.): Das literarisches Geburtstagsbuch
Wieland Schmied: Bilder zur Bibel
    Maler aus sieben Jahrhunderten erzählen das Leben Jesu
Wieland Schmied: Von der Schöpfung zur Apokalypse
    Bilder zum Alten Testament und zur Offenbarung
Friedrich Schorlemmer: Die schöne Kraft des Glockenseils
    Gespräche mit Hans-Dieter Schütt
Friedrich Schorlemmer (Hg.): Das soll Dir bleiben
    Texte für morgens und abends
Friedrich Schorlemmer (Hg.): Dezembernacht
    Gedichte und Geschichten zur Advents- und Weihnachtszeit
Fulbert Steffensky: Fragmente der Hoffnung
Fulbert Steffensky: Heimathöhle Religion
    Ein Gastrecht für widersprüchliche Gedanken
Fulbert Steffensky: Mut zur Endlichkeit
    Sterben in einer Gesellschaft der Sieger
Fulbert Steffensky: Schutt und Asche
    Streifzüge durch Bibel und Gesangbuch
Fulbert Steffensky: Schwarzbrot-Spiritualität
Peter Stosiek: Tollwut. Geschichte und Geschichten
Christa Wolf: Was nicht in den Tagebüchern steht. Verse
Eva Zeller: Das unverschämte Glück. Neue Gedichte

Radius-Verlag · Alexanderstraße 162 · 70180 Stuttgart
Fon 0711.607 66 66   Fax 0711.607 55 55
www.Radius-Verlag.de   e-Mail: info@radius-verlag.de